KB248654

소원

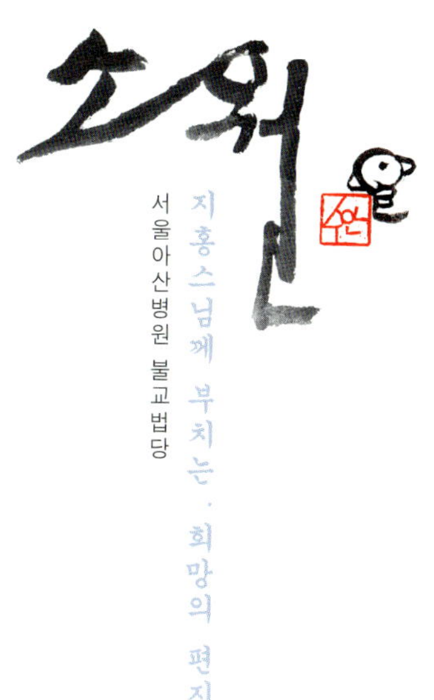

맑은소리 맑은나라

병마와 씨름하는 모든 이들에게 희망의 씨앗을 전합니다.

복수초는 이름대로 '福壽草' 입니다.
추운 눈 속에서 얼음을 헤치며 피는 꽃, 노란 황금색
입니다.

소원,
힘들고 괴로우면 '부처님' 하십시오.
병든 이에게는 어진 의원이 되고, 어두운 밤중에는
등불이 되고, 길 잃은 이에게는 길을 가르쳐 주시는
부처님.
괴로울 때 의지하면 자신이 생기고 용기가 일어납
니다.
밤과 낮은 하루가 됩니다.
일 년은 열 두 달, 삼백육십오 일입니다.
그동안 비도 오고 바람도 불고, 천둥도 치고 번개
치는 날도 있습니다.

그러나, 맑고 좋은 날이 더욱 더 많습니다.
어려울 땐 부처님 의지하고 즐거울 땐 이웃과 나눔
하면 즐겁습니다. 어렵고 큰 일 지나고 보면 나 스스로
가 성숙되어 있음을 발견하게 됩니다.

오늘의 현실은 정말 괴롭습니다.
힘든 현실 앞에서 '부처님 감사합니다.' 해 보면
바뀌어 집니다.
분명, 바뀌어져 있습니다.

감사하는 마음, 즐거워하는 마음, 염불하는 마음.
나는 누구일까?
어두움은 빛으로, 괴로움은 부처님으로.
부처님께 소원 빌고, 부처님께 회향하는
나는 누구일까?

즐겁고 공경하며 맑고 고요하다.
나는 누구일까?

불기2554년 5월 좋은날
영축산 문수원 수안 합장

일생은 모든 순간순간이 쌓여야만 이루어집니다.

지금 이 순간의 1초, 1초가 모여 하루가 되고, 그 하루 하루가 쌓여 1주일, 1개월, 1년 그리고 일생이 됩니다.

아무리 위대한 업적도 사소한 것들을 착실하게 쌓는 데서부터 출발합니다.

18년 전 바로 이 자리로 발걸음을 옮기던 그 시절을 다시 한 번 되돌아보았습니다.

한 걸음 한 걸음 그 발자국들이 모여 지금 바로 이 자리에 서 있는 것입니다.

때로는 웃음으로 때로는 울음과 한숨으로 먹먹해진 가슴들을 풀 수가 없어서 올려다 본 부처님은 언제나 그 자리이십니다.

매일 아침 병원 법당에 도착하여 열어 본 작은 공책 안에는 밤새 환우님들의 사연이 빼곡합니다.

병마에 대한 원망이나 고통, 그리고 가족으로서 곁에서 환자를 지켜보며 겪게 되는 아픔, 또는 쾌유의 감사가 적혀 있는 공책 속 깨알같은 이야기들은 그대로가 바로 사바 세계입니다.

각각의 사연들이 갖는 무게는 모두에게 다를 것입니다.

누군가에게는 행복이었지만 누군가에게는 버거웠을지도 모를 그 이야기들을 이제는 이렇게 함께 하고자 합니다.

이렇게 이야기를 함께 나누는 것만으로도 삶이 주는 고단함들이 풀어지길 바라면서 부처님 오신 이 아름다운 5월에 나지막히 새겨 봅니다.

"부처님 감사합니다."

2010. 5.
서울아산병원 불교법당에서
지홍 두손 모아 보내드립니다.

　우리 병원내 법당에는 환자 및 보호자분들이 병원에 인연이 되어 자주 들르곤 합니다. 혹자는 가벼운 마음으로 또 다른 혹자는 무거운 발걸음으로 들른다고 생각합니다. 어떤 경우에는 정말 견디기 힘든 상황과 고통을 토해내기도 하고 또 다른 경우에는 죽음을 앞두고 이 세상의 모든 일상과 관계를 정리하고 생을 마감하면서 나타내는 태도는 경외심마저 들게 하고 있습니다.

　평소에 아무렇지도 않게 대하던 우리의 이웃사람들이 이렇게 법당을 통하여 만나면 어떻게도 그렇게 달라질 수가 있을까요. 평소에 접하지도 못했던 면모를 보는 것 같습니다.

　누구는 가벼운 마음으로 들러서 정성어린 마음으로 가족의 무사 건강을 비는 모습을 보는 것도 마음이 경

건해 집니다. 누구는 이 세상을 하직하면서 여태까지
최선을 다하여 투병하였으나 끝끝내 건강을 회복하지
못한채 죽음을 자신의 운명으로 받아들이고 저 세상에
서의 아름다운 생을 희구하면서 글을 적는 분도 있습
니다. 이러한 글을 보는 것은 마치 단아한 자태로 자신
의 과거를 정리하는 것 같은 모습마저 느껴집니다.

여러분들의 글을 통하여 우리는 글쓴이들이 의사나
간호사 등의 의료진에게 병을 고쳐달라고 구원의 손길
을 내밀 때의 태도와는 사뭇 다른 모습을 느낍니다. 자
신이 깊이 사색하고 주위 여건들을 종합하여 검토한 후
에 나타내는 짧은 글들을 읽어 보면 마치 깊은 바다 속
에서 모든 것을 정리하고 결심하며 조금도 흔들림이 없
는 부처님을 대하는 것 같습니다.

고통과 절망속에서 힘들고 어려워하는 환자와 보호
자분들께 이 책이 조금이라도 도움이 되고 마음의 위로
를 얻고 부처님의 자비가 충만하시기를 합창기도 올립
니다.

불기 2549년 5월 12일
서울아산병원 법우회회장 김영태

기도의 마음으로, 자비의 언어로

푸른 오월에는 마음마저 푸른 물이 듭니다.

신록을 무대 삼아 한 바탕 호기라도 부려보고 싶으며
사랑하는 사람들과 격이 없는 시간을 가지며 푸름을 노
래하고 싶어집니다.

고운 계절,

마음이 아픈 이들에게는 그 상처를 어루만져줄 소통
의 기운이 필요하며 우주법계에도 전해질 지극한 마음
이라야 그들의 간절함을 대신해 줄 수 있겠다는 생각이
듭니다.

비록 나의 고통이 아니라 할지라도, 간절하고도 간절
한 마음 일으켜 그 아픔을 덜어내 줄 수 있다면 더 없이
감사할 일입니다.

이렇듯 한 권의 책으로 엮어진 환자 가족들의 간곡함

이 수안스님의 '소원'이라는 제하의 그림으로 탄생하게 된 데는 스님의 오랜 수행력과 서울 아산병원 불교 법당 지홍스님의 원력이 보태져 가능하게 되었습니다.

이 좋은 계절 오월은 2500년 전 부처님께서 이 땅에 오신 찬탄의 달이기도 하며 나와 가족, 이웃을 돌아볼 따뜻한 가정의 달이기도 합니다.

이런 의미 깊은 계절에 맞춰 발간되는 '소원'은 독자들로 하여금, 환자 가족들로 하여금 모두의 아픔을 함께 염려하는 감동의 도서가 되리라 생각됩니다.

기도의 마음으로 읽고, 수지하여 그들의 기도가 일체의 인연 있는 이들에게 평온을 주며 자비의 언어로 화華하기를 소원합니다.

불기 2554년 5월 아름다운 날
도서출판 맑은소리맑은나라 대표 김윤희

11

김영욱 환자의 소원을 부탁드립니다. 두 달전부터 혈병
에 시달리고 있습니다. 약사여래불님의 가피로 빠른 쾌
유 성취하기를 기도드립니다.
김영욱 병고가 하루 속히 쾌유되도록 하여 주시길 아버
지, 어머니 형제 모두가 스님께 부탁드립니다.

안녕하세요, 스님.
재준이 수술 날짜가 당겨져서 4월 2일 아침 첫 번째로
수술실 들어갑니다.
생각보다 많이 붙어있지 않다고 하시네요.
아침에 수술실 갔다 오면 법당에 올게요.

스님, 감사합니다. 백혈병 이정근입니다.

재발되어 2차 항암치료하러 왔습니다.

이번에도 아무일 없이 치료받게 되길 기도 부탁드립

니다. 감사합니다.

나는 미소를 알았습니다

스님. 배연우 영가 보호자입니다.

마음을 추스르지 못해 일을 잘 할 수가 없습니다.

빌려간 책도 드릴 겸 잠시 들러 엄마의 극락왕생 발원

하고 갑니다.

스님께서도 잠깐만이라도 기도해 주시면…….

정말 감사합니다.

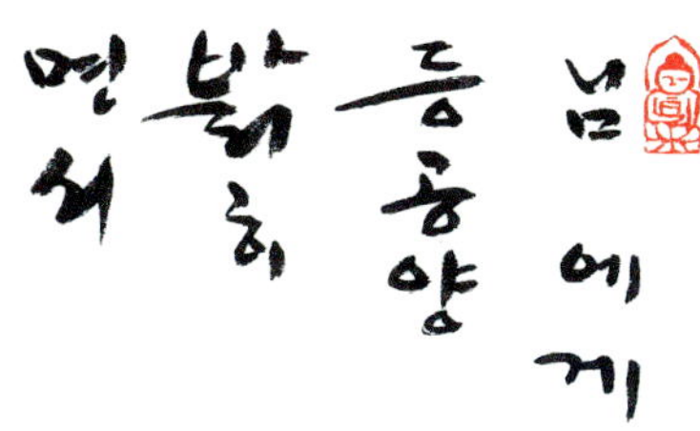

한민석 환자가 뇌출혈로 쓰러져서 신경외과 중환자실
에 계십니다. 사경을 헤매고 있는 제 남편 좀 살려주십
시오.
의식을 찾을 수 있도록 스님의 기도를 부탁드립니다.

아내 배차선 드림

스님.
부산에서 온 박보현입니다.
이번 항암 12차(마지막)입니다.
부처님 은혜 감사드립니다.

스님. 대전에서 온 불자입니다.
아직 수술 날짜는 결정되지 않았지만
저희 아가씨가 건강하고 수술 잘 받게 축원해 주세요.

불자 최향미

스님 제 남편이 위암수술 들어갑니다.
무사히 수술 잘 하고 예후도 좋게 해주세요.
부처님께 성심성의껏 기도 드립니다.
스님도 같이 기도해 주세요. 관세음보살

스님. 재석이 엄마입니다.

매일 저녁에 법당을 다녀가곤 했습니다.

오늘은 퇴원을 하여 아침에 기도 드리고 울산에 내려

가요.

항암치료 끝나고 잠시 퇴원합니다.

늘 스님께 감사드려요. 외래 오는 날 찾아뵐게요.

변재석 엄마 드림

합장 드립니다.

오늘 골수검사 결과로 인하여 항암치료와 골수이식 결과를 판단하는 날입니다.

부처님께 108배로 기도드려도 제 힘으로는 너무 부족한 것 같습니다.

스님, 엄마의 애타는 마음을 헤아려 기도 부탁드립니다.

어제부터 항암 2차 시작하였습니다.

부처님과 저희들을 대신하여 기도하여 주신 스님 은덕으로 아무 탈없이 항암주사 맞고 있습니다.

감사드립니다.

김승준 엄마

스님, 일요일 사시기도에 오니 안 계시네요.
92병동 33호에 입원중인 박재우 4월 21일 아침 7시
30분 허리 세 마디 수술합니다.
기도해 주시면 감사하구요, 며칠 뒤에 뵙겠습니다.

스님, 소연이가 많이 건강해졌습니다.

병원 올 때마다 잊지 않고 스님을 뵈러 오지만 뵙기가
어렵습니다.

스님, 소연이 위해 많이 기도해 주십시오.

스님, 부처님이 여기 계시지 않았다면 암수술과 마음의
고통을 이기지 못했을 겁니다.
수술 후 일주일 기도 회향하고 오늘 떠납니다.
앞으로 치료과정이 험난하겠지만 열심히 참회정진하
겠습니다. 입원 내내 편안했어요.
스님, 정말 감사합니다.

유방암 환자 장경현

저희 할머니(정영숙)께서 방광암으로
지금 세 번째 수술을 하십니다.
부디 수술이 잘 되어 3개월 뒤에는 암이 완전히 완치될
수 있도록 부처님의 가피로 보살펴 주십시오.

스님,

경민이가 열이 많이 내리고 기침도 좋아져서 오늘 퇴원
합니다.

하지만 뇌경색이 조금 더 와서 2차 수술은 조금 미루어
졌습니다.

기도 많이 부탁드려요.

혜민이 외래 진료일 날 뵐게요.

경민이 엄마

스님께 귀의합니다.

스님, 저는 부산에 살고 있는 박미령입니다.

내일 저희 어머니께서 아침 7시에 허리협착증 디스크 수술을 받습니다. 수술이 잘 되도록 화엄신장님께 축원 바랍니다.

저도 열심히 기도드리며 빠른 쾌유를 빌겠습니다. 스님께서도 수술 잘 되고 빨리 회복할 수 있도록 기도해 주세요.

스님,

제 친구 이경택 환자를 위해 좋은 말씀 부탁드립니다.

제 친구는 폐암 3기 투병중입니다.

친구 오현섭

유진이 할머니입니다. 유진이가 많이 아픕니다.
스님, 유진이가 빨리 낫게 기도 많이 부탁드려요.
쌀, 초, 향 공양 올렸습니다.

내일 어머니 수술하십니다. 간 담도암이예요.
남아 있는 간의 크기가 충분해야 하는데 걱정입니다.
수술 성공적으로 될 수 있도록 기도 부탁드립니다.

이재현. 세세생생 지은 죄 참회합니다.

수술 받은 조상혁 환자의 처입니다.
부처님과 스님 보살핌에 수술 잘 받았습니다.
쾌유의 가피를 입고 갑니다.
또 뵙겠습니다.

서진이 엄마예요. 부처님께 삼배만 하고 가네요.
스님, 이 못난 어미의 마음을 이해해 주세요.
다음에 꼭 뵙겠습니다.
기도해 주서서 감사합니다.

스님, 남편과 함께
부처님께 삼배 드리러 왔습니다.
서진이 점점 좋아지고 있습니다.
법당에 오니 마치 내 집에 온 것 마냥 편하네요.

스님, 감사합니다. 부산에서 정미주 외래 왔다 갑니다.
항상 감사합니다. 새벽기도 보살님 감사합니다.
다음에 뵙겠습니다.

윤석이에게 곰팡이균이 아직 남아 있어 항암치료가
일주일 연기되는 바람에 갑자기 퇴원을 하게 되었어요.
스님께서 윤석이를 위해 기도해 주시는 것에 제가 어떻
게 보답을 해야 할지요. 지켜보는 엄마의 마음은 안타
깝기만 합니다.
늘 스님의 기도 감사드리고요, 죄송하지만 오늘도 스님
께 부탁만 드리고 울산에 갑니다.
스님, 다음 주에 와서 뵐게요.

스님. 오늘 수술하고 계신 아버지의 수술 성공과 빠른 쾌유를 부탁드립니다. 대전에서 오셔서 걱정이 큽니다. 병원에 올 때마다 법당에 와서 기도드리겠습니다.

서재학 올림

스님, 합장 올립니다.

애기 아빠가 급성 골수성 백혈병이에요. 지금 1차 항암 치료중인데 잘 하고 있습니다.

7살 딸아이와 5살 아들 녀석을 위해서라도 힘껏 싸워서 이길 수 있도록 열심히 기도하겠습니다.

성불하십시오.

저희 어머님(임종미)께서 폐암으로 투병하시다 임종을
앞두고 있습니다. 부디 마음이 편안해 지셔서 현세의
모든 근심 걱정 훌훌 털어내셨으면 합니다.

스님 합장 올립니다. 저희 어머님이 13일에 부처님과 스님 덕에 무사히 수술 마치고 지금 회복 중에 있습니다.

잘 회복하고 완쾌할 수 있도록 부처님께 기도 드릴테니 스님도 기도해 주세요. 항상 감사드립니다.

님에게 정성다해
등공양 올리면서

스님 그간 안녕하셨습니까. 이영서 할머니입니다.
외래 왔다가 잠깐 다녀갑니다. 우리 애기는 부처님의
은덕으로 잘 지내고 있습니다.
이제 약도 모두 떼고 검사만 받으러 다닙니다.
스님, 감사합니다. 건강하시고 안녕히 계십시오.
나무관세음보살

스님 저는 이정현입니다. 동생 이준효가 위암수술을 받고 치료중입니다. 장이 안 좋아서 10여일 음식도 못 먹고 병과 싸우고 있습니다.

그러나 누나의 간절한 마음이 전해지기를 부처님 전에 기도하고 있지만 한계가 있는 것 같습니다. 스님의 기도가 필요한 것 같습니다.

다 부처님의 자식들이니 제 동생도 쾌유되기를 기도 부탁드립니다.

옥천에서 온 박영훈 환자 보호자입니다.

수술이 잘 되어서 지금은 병실에서 치료를 받고 있습
니다.

스님, 너무나도 감사드립니다. 스님께서 기도를 해주셔
서 수술이 잘 되었습니다.

진심으로 감사드립니다.

더욱 열심히 기도하겠습니다.

저는 관우 엄마입니다.

관우는 태어난지 이제 45일 된 어린 아이입니다.

선천성 심장병 때문에 오늘 수술 예정이었으나 식도와 기도 쪽에 이상 진단이 예상되어 심장수술이 연기된 상태입니다. 앞으로 관우가 잘 성장할 거라 봅니다만 아기가 겪고 있는 고통에 마음이 아픕니다.

아이가 고통 없이 잘 견딜 수 있도록 마음을 내어 주십시오.

감사합니다.

스님 관우 엄마입니다. 아이가 수술 4일째인 오늘도 깨
어나질 못하고 수면 중입니다. 곧 힘차게 일어날 거라
믿습니다.
다만, 엄마의 손길이 필요할 때 약의 힘으로 잠만 자고
있어 마음이 아프네요.
우리 관우 얼른 일어날 수 있도록 마음 내어 주십시오.

지홍스님 안녕하세요?

저희 남편이 지난 1999년 뇌출혈로 쓰러진 뒤 꼬박 9년 만인 2007년 또 뇌출혈로 쓰러졌습니다. 뇌수술을 받았는데 다행히 수술이 잘 되었습니다.

그러나 식사를 잘 안 하고 약간의 치매현상이 있어서 스님과 상담하려고 찾아왔습니다.

제가 무상사 법당에서 천일기도를 올리고 108참회를 하였습니다만 아직도 업장소멸은 멀었나 봅니다.

지금의 이 고통을 '끝없이 정진기도하며 하심하라'는 뜻으로 알고 정진하겠습니다.

스님, 저희 남편과 모든 환우들이 하루속히 병고속득쾌차하시길 발원하옵니다. 나무관세음 보살

스님 안녕하세요.

박현숙 환자 딸입니다. 저희 엄마가 췌장암으로 오늘
수술하십니다. 일주일 후에 조직검사 결과가 나온다고
하는데, 수술도 잘 되고 결과도 잘 나오길 스님께 부탁
드립니다.

고생을 너무나 많이 하신 저희 엄마 쾌유하실 수 있도
록 부탁드립니다. 감사합니다.

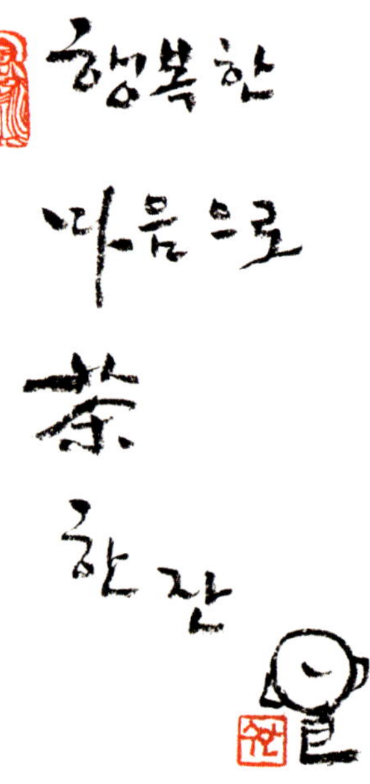

스님, 저희 딸(강수진) 결핵뇌수막염 치료 잘 되게 도와
주십시오. 하루하루 몸 전체 기능이 좋아져 빠른 회복
이루어지게 해 주십시오.
스님, 저의 소원이 꼭 이루어지게 해 주십시오.

저는 고영재 엄마입니다.

아들은 지금 소아병동에 입원하고 있습니다. 백혈병에
시달리고 있는데 치료도중 폐렴에 감염되어 여러가지
합병증이 와서 치료받고 있습니다.

하루 빨리 병 낫게 해달라고 스님께서 기도 많이 해
주시리라 믿고 이렇게 찾아뵙네요.

저희 애기 아빠와 열심히 부처님께 기도하고 있습니다.
부탁드릴게요.

스님, 늘 따뜻하게 대해 주시는 모습 감사드립니다.

오늘 우리 지현이가 수술을 받습니다. 엄마가 되어 모두 제 탓인것 같아 마음이 괴롭습니다.

기도드리고 다녀갑니다. 안녕히 계세요.

지현이가 또 부처님 뵈러 오자고 해서 다시 오겠습니다.

지현 엄마

스님, 안녕하세요. 채미진 간호사입니다.
제 친정어머니께서 오늘 아침 수술에 들어가서 밤늦게
끝날 예정입니다.
스님, 수술 무사히 잘 마치도록 간절히 기도드립니다.

관세음보살!

스님 기도하여 주신 덕에 무사히 퇴원했다가 2차 항암 받으러 온 김승준 환자의 엄마입니다.

어제 재입원하여 오늘 오후부터 2차 항암주사 계획입니다. 이번에도 지난번과 마찬가지로 아무 부작용 없이 끝나도록 기도 부탁드립니다.

부처님께 108배로 기도드립니다.

스님, 안녕하세요. 저는 소아중환자실에 있는 정원경 엄마입니다. 태어난지 4개월째인 저희 딸이 이 병원에 온지 두 달이 다 되어 갑니다.

잠만 들면 숨을 쉬지 않는 제 딸아이 부디 나을 수 있도록 도와주십시오. 호흡기 빼는 걸 두 번이나 시도했지만 모두 실패하고 오늘이 마지막으로 시도하는 날입니다.

부디 숨을 잘 쉴 수 있도록 기도 부탁드립니다.

관세음보살, 원경 엄마 올림

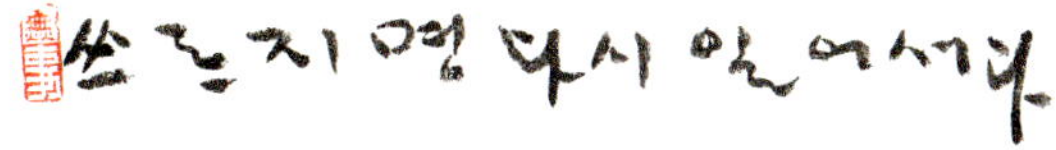

스님, 안녕하세요. 박시현 애기 엄마입니다.
오늘 외래가 있어 진료 받고 등 켜고 가려고 들렀습니
다. 안 계서서 아쉬운 마음 접고 갑니다.
힘들 때 찾던 법당이라 너무나 뵙고 싶었는데…….
다음에 꼭 뵙길 빌게요.
스님 말씀에 눈물바다를 만들던 저를 꼭 기억해 주시
고, 우리 시현이와 가족을 위해 많이 기도해 주세요.

스님, 못 뵈옵고 가야 되네요.
 부산에 있는 최익조입니다. 아산에 오는 목적이 신병
쾌유에도 있지만, 법당을 찾아 예불하고 스님을 뵈옵는
것 또한 두 번째 목적입니다.
늘 감사하고요, 또 다음에 뵙겠습니다.

스님. 나무관세음보살. 김승준 엄마입니다.

부처님 전에 항상 잊지 않으시고 기도하여 주신 은덕

으로 저희 아들이 골수이식 후 퇴원합니다.

매주 올 계획이오니 찾아뵙겠습니다.

'은혜' 감사드립니다.

어머니(정덕순)께서 위암 수술한 지 두 달여만에 합병
증으로 입원하셔서 물도 못 먹은지 한 달이 넘었습니
다.
스님, 법당을 방문한 환자들을 위해 기도하시면서 저희
어머니도 빨리 쾌유될 수 있도록 기도 부탁드려요.

기도 부탁드립니다. 갑자기 당한 일이라 받아들이기가
무척 힘이 듭니다. 부처님의 힘이 필요합니다.

한기선

어머니께서 수술을 받고 계십니다. 아무쪼록 수술이 잘
되기를 바라는 마음으로 누나와 같이 기도하고 있습니
다. 수술 후 아무 일 없었듯이 완치되도록 스님께서도
같이 기도해 주십시오.

아들 오민서 올림

김재형 불자의 딸 기미생 김소희가 뇌종양으로 병마와
싸우고 있습니다.
불쌍히 여겨 모든 치료 과정이 순탄하게 이루어지도록
보살펴 주시옵고, 부처님의 가호로 빨리 완쾌될 수 있
도록 간절히 기도드립니다.

가피 주심을 감사하며...

스님의 따스한 약손으로 부처님의 가피를 입어 건강을 되찾게 되어 감사드립니다. 이제부터는 초발심시변정각이 되어 저를 일깨워 준 관음경과 함께하며 관세음보살님을 상념공경하겠습니다.

관세음보살님을 수지명호하겠습니다. 관세음보살님께 공양하겠습니다.

제 몸과 마음을 아끼고 사랑하겠습니다. 인연을 소중히 여기고 사랑하겠습니다. 만물을 감사히 여기고 아끼겠습니다.

구족신통력 광수지방편 시방제국토 무찰불현신 고아 일심 귀명정례 여기 모든 불자님들이 불보살님의 가피를 입어지이다.

나무관세음보살.

인덕 박성욱 합장

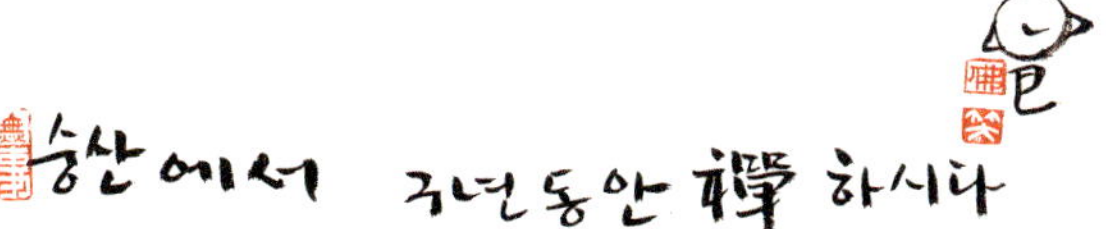

스님, 너무나 고맙습니다. 수술이 잘 되어 오늘 퇴원합
니다. 서울아산병원 법당을 영원히 못 잊겠습니다.

김태욱, 반야심 합장

님에게

정성다해

꽃공양

올리면서

나눔

저희 어머님 이재숙 불자께서
심장판막치환 수술과 대동맥 치환수술을 받으십니다.
어제 법당에 와서 큰 위로와 용기를 얻고 갔습니다.
법당 지켜 주셔서 고맙습니다.

자비안 합장

스님,

저희 남편 이성택 환자가 수많은 질병과 씨름하고 있습
니다. 건강 회복 기원드립니다.
스님의 따뜻한 마음으로 돌봐주십시오.
간곡히 기도드립니다.

스님, 안녕하십니까? 오랜만에 제주도에서 왔습니다.
동관에 가 봤더니 서관으로 옮기셨더군요. 저의 영후가
이식수술로 무균실에 입원했습니다.
부디 덕스러운 스님께서 불쌍한 어린 중생을 위해 구원
의 기도를 올려주십시오. 등도 꼭 켜 주세요.

영후아빠 합장

대구에서 수술 받은 뒤 흉선암 판정 받아 항암 방사선 치료차 오늘 상경해서 입원했습니다.

이 시련을 넘기고 나면 사랑하는 세 딸과 남은 반평생을 행복하게 살 수 있음을 부처님께서 미리 보여주신 것이라 믿고 열심히 치료 받고 열심히 기도하렵니다.

열심히 성심을 다하면 부처님께서 꼭 들어주실 거라 믿습니다.

조승규

백혈병으로 입원하고 있습니다. 치료 잘 받고 마음 편
안할 수 있도록 기도부탁드립니다. 꼭 나을 수 있다고
희망 잃지 않게 기도 부탁드립니다.

대구에서 온 제정우

제정우님, 이웃 사촌을 이 먼 곳에 와서 보니 반가움보
다는 눈물이 나네요.
이런 시련을 주신 부처님의 뜻을 헤아려 꼭 이겨내도록
같이 기원하겠습니다. 우리 힘내요.

조승규의 보호자

영축산 文殊院

스님, 이틀간 법당을 찾았습니다.

비록 스님은 뵙지 못했지만 부처님 전에 저의 기도를 올리고 갑니다.

스님, 장연택 환자가 중환자실에서 힘겹게 병마와 투쟁하고 있습니다. 이 싸움에서 승리하여 본연의 임무, 한 가정의 남편과 아이들의 아빠로 다시금 설 수 있게 도와 주십시오.

부처님의 가피를 기다립니다.

스님, 도와주세요.

환자가 의욕없이 짜증만 내고 있네요.

많이 기도해 주세요. 받아들일 줄 아는 것도 행복이고,

살면서 어려운 곤경에 처하는 것도 배움이라고 했는데

스스로 헤쳐가지 못하네요. 간절히 부탁드립니다.

심신 건강하게 버틸 수 있게.

스님, 저는 외과계 중환자실 정형웅 환자의 둘째 딸 정미지입니다. 아빠가 지금 너무 많이 아프세요. 저랑 고모랑 아빠께 간이식을 하려고 했는데 제 간은 너무 작아서 드릴 수가 없대요. 전 지금 해 드릴 수 있는 게 아무것도 없어요. 의사 선생님께서는 운명에 맡길 수밖에 없다고 하세요.

아빠가 안 계시면 저희 엄마, 언니, 저 살 수가 없어요. 제발 하루 빨리 뇌사자의 간이 나와서 아빠가 수술하셔서 일어났으면 좋겠어요. 하루에도 몇 번씩이나 천국과 지옥을 왔다갔다 했는지 몰라요. 아빠가 지금도 많이 힘들지만, 수술 받으실 때까지 조금만 더 버텨주셨으면 좋겠어요. 혈압 헤모글로빈 수치가 정상으로 돌아오셔서 출혈도 안 생겼으면 좋겠어요. 세상 사람 누구에게나 정말 좋은 우리 아빠. 제발 끝까지 지켜주세요. 제발 살려주세요. 부탁드릴게요. 아빠만 살아계실 수 있다면 저는 어떻게 되든 상관없어요. 무슨 일이든 할게요. 제발 우리 아빠만 살려주세요. 제발 살려주세요. 그리고 아빠! 조금만 참고 힘내고 계세요. 아빠는 분명 빨리 수술 받을 수 있을 거예요. 아빠 내가 정말 사랑하는 거 알지? 엄마 언니 나를 봐서라도 조금만 참아줘.
아빠 진짜 사랑해. 미지

스님께 간절히 기도 부탁드립니다. 자비롭고 은혜로우신 부처님. 제가 조금이나마 아버지의 사랑에 보답할 수 있도록 도와주세요. 많은 욕심 부리지 않겠습니다. 아주 잠깐이라도 눈 맞추고 웃을 시간이 있다면 정말 감사히 받겠습니다. 몸 한군데 성한 곳 없이 병원에서 고생만 하시다가 보내드릴 순 없어요. 저희 세 모녀를 위해서 아버지가 힘내실 수 있게 도와주세요.

이상민, 정유미, 정미지, 류지혁이가 아빠를 너무너무 사랑한다고 전해 주세요.

아빠 사랑합니다.

스님. 제 남편 정현웅 환자가 갑자기 의식을 회복하지
못하고 있습니다.
도와 주세요. 간절히 부탁드립니다.
꼭 깨어나길 기도해 주세요.
한가닥 희망을 가지고 부처님께 기도 올리고 갑니다.
간절히 비나이다.
이제 부처님만 믿고 살겠습니다.

스님 저는 정현웅 환자 따님의 남자친구입니다. 아버님
이 의식을 잃으시기 전에 사위라고 하셨으니까 사위라
고 해도 될 것 같습니다. 지금 아버님이 많이 힘들어 하
십니다. 첫 딸이 결혼하는 것도 못보고 돌아가실 순 없
습니다. 제발 도와주십시오. 부처님, 아버님이 수술 받
으셔서 회복되실 수 있도록 꼭 좀 도와주세요.
평생을 어머님 사랑하시고 두 딸을 끔찍이 여기며 가정
을 너무나도 소중히 여기는 분입니다. 제발 건강해지셔
서 첫 딸 시집갈 때 손잡아 줄 수 있도록 도와주세요.
아버님만 살아나신다면 이번 시험에서 합격할 저의 행
운, 그것 모두 아버님께 드릴게요. 올해 저의 운세가 너
무나도 좋던데 그 운 모두 아버님께 드릴게요.
제발 살려주세요. 아버님 힘내세요. 꼭 돌아오실거라고
믿습니다. 저한테 효도할 기회는 주셔야죠.
제발제발 돌아오세요.

제 누이가 폐암 말기 진단을 받았습니다.
온 가족이 진심으로 기원합니다.
불쌍한 제 누이를 병마에서 구해 주십시오.
부처님의 대자대비를 기원합니다.

스님, 저는 중환자실에 있는 남성우 씨의 아내입니다.
너무도 젊은 나이에 암에 걸려 대수술을 받고 지금 너
무 아파하고 있습니다. 제가 할 수 있는 일이 없다는 게
너무 가슴 아픕니다.
부디 많이 아프지 않고 완치될 수 있도록 부처님 전에
기원 드려 주세요. 저도 열심히 기도하겠습니다.
아직 할 일이 너무 많은 젊은이입니다.
사랑하는 사람입니다. 부탁드립니다. 스님.

스님. 딸을 낳자말자 심장이 좋지 않아 소아중환자실에 온지 벌써 8개월이 넘은 죄 많은 어미입니다. 지금 현재 제가 할 수 있는 일이라곤 의술을 믿고 현경이가 이겨 깨어날 것이라고 믿는 것밖에 없습니다. 말 못하는 아기라 진정으로 원하는 게 뭔지 들을 수는 없습니다. 그저 현경이가 더 이상 힘들지 않게 해주고 싶은 게 저의 바람입니다.

하지만 제 욕심인지 몰라도 이렇게라도 계속 딸의 얼굴을 보고싶은 게 솔직한 심정입니다. 우리 애기가 얼마나 고통스럽고 힘든지 잘 알지만 그래도 엄마 아빠랑 이 세상에 있는 걸 행복하다고 느끼고 있었으면 좋겠다는 것이 바람입니다.

어떤 식이 됐든 모든 것이 현경이가 원하는 대로 될 수 있도록 기도해주세요. 우리 예쁜 아기랑 같이 세 식구가 계속 행복해지도록 기도해 주시고, 만일 힘들어 우리 곁을 떠난다 해도 원망 없이 우리가 얼마나 사랑하고 있는지 알고 갈 수 있도록 기도해주세요. 제발…….

대신 아플 수 없는데 가슴시리도록 안타까울 뿐입니다. 사랑한다 현경아. 아빠, 엄마 버리지 말고 우리 행복하게 살자. 엄마는 현경이가 너무 아깝단다.

너무너무 미안해, 사랑한다.

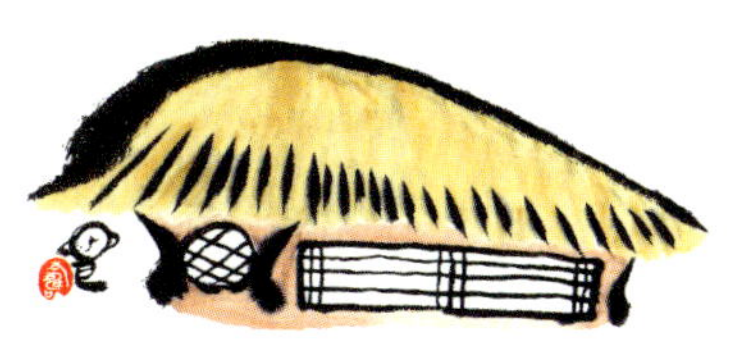

스님, 매일매일 극락세계에서 살다가 지옥세계를 하루
에도 몇 번이나 왔다갔다 합니다. 일상생활이 극락세계
라는 것을 요즘 느끼고 또 느끼고 있습니다.
하루속히 제 남편이 완치되어 일상의 극락세계로 돌아
가길 빕니다.

이 여래심

스님, 기도 부탁드립니다.

저는 박준호 엄마입니다. 지금 7살인데요, 후진하는 차에 다쳐서 광대뼈 수술을 받게 되었습니다.

수술이 잘 되고 잘 치료 되게 기도 부탁드립니다.

제가 할 수 있는 건 기도밖에 없네요. 우리 준호가 수술 잘 되게 기도 부탁드려요. 준호를 볼 때마다 제가 대신 아팠으면 하는 심정입니다. 스님 간절합니다.

박준호 엄마

스님, 저는 청주에 사는 수현심이라는 불명을 가진 사
람입니다. 저는 뇌동맥류라는 머리 절개수술을 했고요,
결과는 상쾌하지 못합니다.
건강이 회복되기를 부처님 전에 빌고 빕니다. 부처님의
가피를 받아 건강해질 거라는 믿음을 갖고 법당문을
나섭니다. 부처님께, 스님께 빌고 또 빕니다.

수현심 합장

스님, 스님께 간절히 기도부탁드립니다.
윤진민 엄마입니다. 제가 할 수 있는게 아무것도 없습
니다. 너무도 젊고 꿈많은 아들입니다.
대장암 수술을 받았는데 결과가 좋지 않습니다.
불쌍히 여기시어 큰 자비가 있도록 기도해 주세요.
제 아들을 살려주세요.
간곡히 부탁드립니다. 너무도 절박한 마음과 심정으로
기도를 부탁합니다.

재검, 재수술이란 말에 몹시 흔들렸던 김선재입니다.

 이곳 법당에 와서 많이 위로받고 다시 한 번 마음을 다스렸습니다.

참 맑고 청아한 스님의 모습을 뵈니 제 맘도 많이 풀어지고 스님께 의지도 생기더군요.

부처님이 계셔서 참 좋습니다. 법당이 이곳에 있어 더욱 좋았습니다. 스님을 뵈니 또한 정말 좋았습니다.

어제 재검만 하고 오늘 일단 퇴원키로 했습니다. 결과가 좋아 재수술이 없기를 바라는 마음이지만 떨지 않기로 했습니다. 더욱 정진하고 있겠습니다.

스님, 참 고맙습니다. 앞으로 외래 올 때 또 뵙겠습니다.

나무마하반야마라밀

김선재 올림

스님, 저번에 들른 김서우 어린이입니다.

식도에 누공이 생겨 2006년에 세 차례의 수술을 받았는데도 불구하고 또 다시 협착과 누공이 생겼습니다.

이번에 5번째 수술을 해도 쾌차되지 않아 딸아이와 매일 이곳에 들러 부처님께 기도드리는 중입니다. 밥을 먹어야 학교에도 가고 하는데…

가슴이 찢어지는 아픔을 겪고 있습니다.

우리 딸 서우도 관세음보살을 항상 외쳐보지만 상처가 잘 낫지 않고 있습니다. 부처님 전에 서우의 마음이 닿을 수 있게 스님께 부탁드립니다.

기도가 부처님께 전해질 수 있도록 도와주세요.

스님, 우리는 중계 본동에 살고 있습니다.

시부모님이 도선사에 다니셔서 저희 가족도 모두 다니고 있습니다. 저는 심장 초음파 검사를 받으러 왔다가 이 법당에 잠시 들렀습니다. 지난 해 초파일 병원에 치료 차 와서 병원법당에서 시부모님 등을 켜드린 인연으로 또 들렀습니다.

남편이 현대 건설에 있습니다. 지금은 해외근무중인데 심장이 안 좋아 3월에 휴가 나와서 검사 받기로 예약을 한 상태입니다. 검사결과가 좋아서 휴가 끝나고 현장으로 다시 갈 수 있게끔 스님의 축원 부탁드립니다.

이재영 합장

스님, 한울타리회 지예아빠입니다.
또 한 생명 먼 여행길 배웅하고 오는 길에 들러서 마음
다잡고 일어섭니다. 아픈 아이들 위해 기도하겠습니다.
힘나게 기도하여 주십시오.

최종현 올림

저는 건강한 부모님의 첫딸로 건강하게 태어났습니다. 부모님 속 안 썩이고 잘 자랐는데 어찌된 일인지 30살이 되던 해에 희귀병을 앓고 이제 또 산에서 어이없이 다리가 골절되어 부모님께 크나큰 죄를 짓고 있습니다. 나름대로는 큰 잘못 안하고 산 것 같은데 다시 돌이켜 보면 할머니 두 분 그리고 부모님 동생 2명에게 가끔 나쁜 심보를 가졌던 게 이렇게 병으로 나타나 꾸지람을 듣게 되는 것 같습니다. 아직 결혼도 안 해서 가족들에게 염려를 끼치고 있는데 지금은 또 일흔 되신 아버지와 66세인 어머니가 밤잠을 설치며 간병하게 하는 불효를 저지르고 있습니다.

부디 제가 쾌유하여 부모님께 효를 행할 수 있도록 스님께서 기도 많이 해주시기 바랍니다. 제가 건강한 몸으로 수명이 다할 때까지 살 수 있도록 해 주시고 부모님, 동생 2명, 올케, 조카 그리고 올해 태어날 조카도 모두 몸 건강하도록 기원해 주세요. 감사합니다.

최수인 올림

안녕하세요? 임재욱씨 보호자입니다.
스님의 기도와 정성에 감사드리며 수술이 잘 되어 퇴원
합니다. 항상 감사하며 열심히 기도하겠습니다.

하해와 같으신 부처님의 은공을 잊지 않겠습니다.
불초소생에게 소망이 있다면 이 부족한 인간, 인간 구
실만 할 수 있으면 좋겠습니다. 모쪼록 집사람 건강하
게 해주시고 두 딸도 함께하길 바랄 뿐입니다.
나무관세음보살.

조동민 올림

스님, 부처님의 가피에 감사드립니다.

심장질환으로 수술받은 최광현의 배우자 이자비화입니다. 혈압 부정맥으로 시간은 조금 더 걸렸으나 곧 퇴원할 예정입니다. 오늘 이 밤이 별탈 없이 가고 내일이 왔으면 합니다. 무사히 밤이 지나고 내일이면 일상생활을 할 수 있을 것이라 믿습니다.

비록 스님을 찾아뵙고 인사하지 못하고 퇴원은 하나 늘 건강하시고 안녕히 계십시오. 그동안 기도해주신 은혜 감사드립니다.

부처님 매일 감사합니다. 마하반야바라밀

간이식 대기하고 있는 이현우 씨 아내입니다.

갑자기 혼수상태에 빠져 사경을 헤매고 있는 제 신랑에게 꼭 힘을 주세요.

많은 기도 부탁드립니다. 절 열심히 다닐께요.

우리집 보살(신선화)이 위암 수술하고 투병중에 있습
니다. 대자대비하신 부처님의 원력으로 빠른 쾌유를 보
이고 있습니다.
완쾌될 때까지 보살펴 주시옵고, 굽어살펴 주시옵소서.

스님, 간절히 부탁드립니다.

김한규, 고선희의 4살 된 딸인 김길동(소윤)이가 간모세포종으로 오늘 간이식 수술을 받고 있습니다. 수술이 무사하게 끝나고 앞으로 암이 완치되어 길동이가 건강한 삶을 되찾게 되길 기도드립니다.

간을 기증한 이름 모를 아이와 어머니께도 진심어린 기도를 부탁드립니다.

소윤 아빠 올림

부처님 전 소윤이 엄마입니다.

어렵게 가진 우리 아들 딸(김재혁, 김소윤)이 잘 자라다 딸인 소윤(길동)이 간모세포종이라는 종양이 생기게 되었습니다. 생각지도 못한 중병을 앓게 되어 간이식이라는 큰수술을 받게 되었습니다. 부디 자비를 베푸시어 부처님의 손 끝에서 기적을 만들어 주시기를 간절히, 아주 간절히 비옵니다.

죄라면 부모가 죄지 어린 딸이 무슨 죄가 있겠습니까.

소윤이의 완치와 부처님의 자비를 부디 부탁드립니다.

소윤아 사랑해. 엄마가

부처님 감사합니다.

전 금요일 수술 받았던 소윤이 엄마입니다.

걱정을 누구보다 많이 했는데 지금까진 순조롭게 진행되고 있습니다. 제가 매일 아침저녁으로 법당에 와서 부처님께 간절히 기도 드리고 있습니다.

조금씩 좋아지고 있는 제 딸 소윤이를 보면 마음이 떨리기도 하고 기쁘기도 합니다. 아직까진 잘 참아주고 있는 소윤이에게 고맙고 누구보다 지켜보고 계신 부처님과 스님께 하늘만큼 땅만큼 감사할 따름입니다.

제 딸에게 계속 기적의 소리가 들려오게 지켜봐 주시고 하늘나라에서 지켜보고 있는 이름모를 아이(기증자)에게도 자비를 베풀어 주세요. 저는 최선을 다해 보살펴 주겠습니다.

스님 감사합니다. 부처님 고맙습니다.

많이많이 도와주세요. 두 손 모아 빕니다.

소윤(길동)엄마 올림

오늘 이곳 병원에서 제 조카 장기기증을 합니다.

생후 5세 된 조카가 뇌사 상태에 빠져 기증을 하게 되었습니다. 자식 떠나보내는 심정 아무도 모릅니다.

사촌동생 최재성 그리고 제수씨. 그래도 세상을 아름답게 보는구나. 너희들의 고귀한 의지, 그저 감사할 따름이다. 누구를 탓하기도 어려운 이 세상. 그래도 조카의 신체 일부가 남아 누군가의 등불이 되었으니……

힘내거라. 그리고 건강 유의해라. 너무나 너희를 보기가 민망스럽구나. 모든 것을 부처님께 귀의합니다.

최훈성 합장

누구와도 다투지 않고 그 무엇과도
겨루지 않으며 자신을 뽐내지도
않고 과격하지도 않으며
...에 투철한
채 오직
如來의
길로 가자
東喦 글

스님, 감사합니다.
남편이 수술을 잘 하고 회복 단계에 있습니다.
부처님의 한량 없으신 자비와 은혜에 다시 한 번 고개
숙여 합장합니다.

강유지 올림

아들의 간이식을 대기하고 기다리고 있는 엄마 김은석
입니다. 중환자실에서 혼수상태로 있는 사랑하는 아들
과도 헤어져 있습니다.
부처님의 가피로 새 생명을 얻게 하여 주십시오.
모든 업장 소멸할 수 있도록 기도하여 주십시오.
저희도 열심히 기도하겠습니다.

폐암 투병중인 남편을 위해 기도 부탁드립니다.
부처님의 원력으로 가피를 드리우사 속히 쾌차하게
하여 주시옵소서.
남편을 위해 열심히 기도해 주시는 원주스님과 박보살
님, 그리고 그 밖의 모든 분들께도 부처님의 가피를…

부처님께 기도 부탁드립니다.

심장 수술을 하게 될 박준희 아가 엄마입니다.

수술이 한 번에 성공적으로 잘 되어 아이가 건강하게
자랄 수 있도록 기도 드립니다.

모든 저의 업장을 소멸시켜 주시고 백일도 되지 않은
우리 어린 아가 잘 보살펴 주세요.

간절히 기도드립니다.

지홍스님, 너무너무 감사합니다.

부디 건강하시고 성불하세요. 많은 사람들을 위해 헌신

적으로 살아오신 모습이 참으로 아름답습니다.

영원히 잊지 않고 사랑하겠습니다.

이 세상에 밝은 빛이 되어주셔서 너무나 감사합니다.

이 법당에 저의 관심과 사랑을 가득 담아놓고 갑니다.

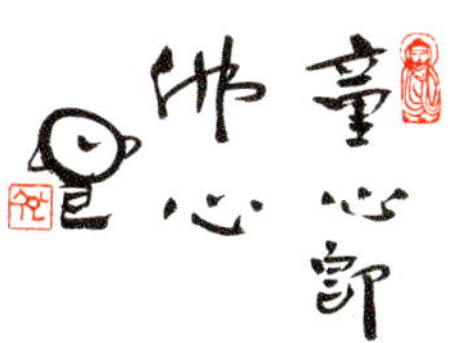

부처님, 하루 빨리 엄마가 회복되시길 간절히 기도드립
니다. 잘 해드릴 수 있는 기회를 다시 한 번 주세요.
부처님의 기도로 엄마가 다시 전처럼 돌아올 수 있기를
바랍니다.

막걸리 한사발
열무김치
풋고추가

부처님께 기도 부탁 드립니다.
신장 기증 이식 후 소변이 잘 나오지 않아 걱정이 많습니다. 자비로우신 부처님, 부처님의 자비로우신 손으로 어루만져 우리 손진우 쾌차할 수 있도록 해 주세요.
스님께서도 기도해 주세요.

병원 법당에 부처님이 계시니 행복합니다.
스님, 항상 감사합니다.

너무도 인자하신 스님, 정말 너무나 감사합니다.
스님, 건강하세요. 사랑합니다.

박현성, 이성원의 큰아들 박정재가 너무 많이 아픕
니다. 부처님의 자비로운 힘이 정재에게 미치도록 기도
하여 주십시오.

스님, 저희 남편(이규석)이 오후에 수술 들어갑니다.
별탈 없이 무사히 수술 끝내고 병상에서 털고 일어날
수 있게 기원합니다.
아직 젊고 활동할 시간이 많이 남아 있는 나이입니다.
훌훌 털고 별탈 없이 일상 생활할 수 있도록 부처님께
간절히 기도합니다.
스님, 죄 많은 중생을 위해 기도 부탁 드립니다.

손성조 씨 가족입니다.

지금 가장 힘든 싸움을 하고 있습니다.

꼭 기도 부탁드립니다. 불쌍하고 가여운 사람입니다.

꼭 살리고 싶습니다.

스님, 계사생 이춘호님 내일 아침 수술하게 되었습니
다. 과일 공양 올려놓고 갑니다.
부처님의 가피 내려서 큰 고통없이 무사히 수술 잘 되
게 스님의 축원 발원합니다.
중생을 위해 축원하시는 스님께 감사드립니다.

임진생 박경현, 제가 부처님의 가피로 어려운 수술을
무사히 마치고 법당에 왔다갔다 갑니다.
회복시기에 있습니다. 부처님 저에게 힘을 주세요.

스님, 안녕하세요.

박경현님의 건강과 회복을 기원해 온 딸 이윤수입니다.

수술 후 상처염증으로 고통 받고 계십니다.

상처가 빨리 아물어 퇴원할 수 있도록 기도해 주시고

이 병원의 모든 환우분들의 건강도 기원해 주세요.

항상 수고하십시오. 건강하세요.

스님, 안녕하세요. 그동안 법당에서 열심히 기도공양
올리신 스님께 감사드립니다.
저희 오늘 퇴원하게 되었습니다. 부처님 가피 잘 받고
좋은 결과에 감사드립니다. 스님 건강하십시오.

해운대 보덕화 보살

스님, 저는 김재영의 아빠입니다.

저는 불심이 약한지라 올 때마다 부처님께 재영이의 건강이 빨리 회복되기를 간절히 바라고 있지만 잘 되지 않아 마음이 무척 아픕니다. 이렇게 휴가를 얻어 함께 있지만, 아빠로서 모든 걸 다 해주고 싶어도 해 줄 수가 없기에 더욱 더 마음이 아픕니다.

이번주 금요일 식도조영상검사가 있는데 잘 되어서 입으로 미음이라도 먹게 부처님께 간절히 빕니다. 몇년 동안 입으로 먹지 못한 딸 아이의 고통이 모두 저의 잘못인 것 같아 죄스럽습니다.

스님, 저의 재영이가 하루 빨리 건강을 찾아 집으로 가게 해 주세요. 부처님 전에 저의 이 마음이 닿을 수 있도록 도와주세요.

재영이 아빠 올림

스님, 안녕하세요. 아버지께서 식도암 수술을 하십니다. 아무 탈 없이 수술이 잘 되게 빌어 주십시오.
연세가 많으셔서 가족들이 걱정하고 있습니다. 법당에 엄마랑 같이 기도하러 왔는데 자리에 안 계시네요.
스님, 건강하고 행복하십시오.

스님, 안녕하세요.

정오를 전후하여 제가 부비동염과 비중격 외비성형수술을 합니다. 작년 7월부터 일을 그만두고 오늘까지 수술을 이미 두 차례 받았고, 내일 수술이 마지막이 되길 기도합니다.

아무쪼록 오랜 기간 동안 병고와 싸웠고 주변 부모님을 비롯한 여러분들이 저 때문에 많이 수고하신 만큼 좋은 결과 있었으면 좋겠습니다.

제가 잘 이겨내서 병도 깨끗이 치유하고 코 모양도 반듯하게 잘 잡히도록 부처님께서 보살펴 주셨으면 좋겠습니다. 스님께서도 건강하시고 제 주변분들, 그리고 여기 계시는 모든 환자분들 모두 쾌차 건강하시길 기도 부탁드리고 감사합니다.

차진택 올림

안녕하세요 스님, 저는 골수이식을 한 김하늘 엄마입니다. 한 달이 되어가도록 백혈구 수치가 '0' 입니다.
오늘 골수검사를 했는데 아직 골수에 암세포가 남아 있다고 합니다. 면역억제제를 중단하여 숙주반응을 일으켜 암세포와 저의 세포(엄마 골수)가 싸움을 벌이게 한다고 합니다.
저의 세포가 생착을 잘해서 아들 몸에 있는 암세포를 없애서 꼭 병이 낫게 기도해 주세요.
저희 아이는 더이상 공여자가 없습니다.
스님, 부탁드립니다.
저희 아들 꼭 나을 수 있게 기도해 주세요. 감사합니다.

스님, 처음 왔어요.

송정명 거사께서 월요일 위장정형시술이 있습니다.

기도 동참발원문 작성하였습니다. 연세가 많아서 걱정
입니다. 작년에 담낭 수술을 했습니다.

삼보님께 비옵니다. 하루속히 간이식 기증자가 나타나서 수술 받게 해 주십시오.
간절히 소원합니다. 부처님, 소원 이루게 해 주십시오.

오석규 합장

안녕하세요 스님, 저희 어머니(박영란)께서 위암말기 판정을 받으시고 그동안 항암치료를 받아오셨습니다. 그러나 최근에 병세가 악화되어 항암치료를 이어갈 수 없게 되고 눈빛을 서서히 잃어가고 계십니다.
불효자인 저는 지방에서 대학을 다니다 종강을 하고 어제서야 모든 짐을 정리하고 서울로 올라왔습니다.
부디 저희 어머님 보살펴 주소서. 아직은 너무나 빠릅니다. 부디 저희 어머님 건강 회복하시고 가족이 건강하게 오래 살게 굽어살펴 주소서.

아들 올림

건강하던 저의 남편(장상진)이 갑자기 머리가 아파
병원에 입원했습니다. 오늘 처음 법당이 있다는 것을
알고 기도하고 갑니다.
스님, 우리 남편을 위해 기도 많이 해주세요. 어린 아들
딸들이 눈에 밟힙니다.
저도 와서 열심히 기도하겠습니다.

안녕하세요, 스님.

저희는 대전에 사는 정성동입니다.

저의 어머님이 아침 7시부터 약 8시간 동안 뇌종양 수술을 하셔야 합니다. 부처님을 가장 사랑하시는 저의 어머니께 축복을 내리셔서 다시 건강한 모습이 되실 수 있도록 기원해주세요.

저의 어머님 존함은 장영순님이시고 법명은 원명심입니다. 꼭 좀 힘이 되어 주세요.

감사합니다.

25살에 암과 만나 친구처럼 살겠다고 한지 벌써 10년째입니다. 완치까지는 바라지도 않습니다. 조용히 공생하게 해 주세요.

그리고 저를 반려자로 맞아 주겠다는 기적같은 만남의 그와 꼭 평범한 가정을 이루고 싶습니다.

고생하신 우리 부모님 사랑하는 가족과 친구들과 더불어 살아갈 수 있도록 도와주세요. 난소-자궁-폐-뇌 이제 또 어디로 가야 할지 너무 두렵습니다.

제발 여기서 끝나게 도와주세요.

평범하게 건강하게 살 수 있도록 도와주세요.

스님께서 많이 기도해 주서서 저희 조카 박용훈이 장기 이식 받아 회복중입니다. 빨리 회복되도록 많은 기도 부탁드립니다.

이름도 성도 모르는 영가 분께서 장기를 주서서 한 생명이 다시 탄생하게 되었습니다.

그 영가 분을 위해 기도드립니다.

스님, 지난 18일에 아기를 낳았는데 저만 심장과 관련
하여 입원중입니다. 약을 복용하며 지켜보고 있습니다.
하루빨리 제가 쾌유하여 약을 끊고 아기 곁에서 함께하
며 모유 수유할 수 있게 기도하여 주십시오.
김문현 부처님께 간절히 바라옵니다.

스님 안녕하세요.

저희 엄마가 이번에 유방암 수술을 하셨어요. 저희 엄마 이름은 추선희입니다.

매일같이 절에 가고 부처님을 가장 사랑하는 엄마가 더 이상 아프지 않고 힘든 항암치료까지 잘 마쳐서 다시는 재발이 없게 해 주세요.

그리고 저희 아빠 이종민도 류마티스로 많이 아프신데 다 나을 수 있게 기도해 주세요.

딸 이미영

스님 안녕하신지요.

스님의 따스한 손길과 많은 분들의 간절한 기도…….

아쉽게도 부모님께서 주신 소중한 이 몸에 상처를 내게 되었습니다.

제가 지은 업장을 닦는 것이라 생각하며 늘 불보살님의 명호를 부르고 있습니다.

모든 불자님들도 쾌차하시길 바라겠습니다.

나무관세음보살.

처사

귀의합니다.

불초소생의 여식 기미생 김선미가 오늘 뇌종양 수술을 받습니다. 수술이 순조롭게 진행되어 성공리에 끝마칠 수 있도록 기도해 주시면 은혜 잊지 않겠습니다.

부 김재혁 모 박정례 합장

귀의합니다. 불초소생의 거사님(박경수)이 내일 수술
을 합니다. 스님의 은덕으로 폐암수술이 순조롭게 진행
되어 성공리에 마칠 수 있도록 기도해 주시면 은혜 잊
지 않겠습니다.

서영화 합장

안녕하세요.

저희 사촌오빠가 많이 아파 누워있어요.

그런데 여기 다니고나니 오빠가 좋아진 것 같아요.

앞으로도 저희 오빠 낫게 빌어주세요. 감사합니다.

사촌오빠의 사촌동생 정윤영

안녕하세요.

우리 사촌오빠를 위해 기도 많이 해주세요. 저는 아직
어린이여서 오빠를 못 보게 하지만 기도는 많이 해요.

근데 우리 오빠 기도하면 잘 일어날까요?

스님만이 잘 알 수 있겠지만 저는 우리 오빠가 걱정이
되고 그래요.

스님, 우리 병석 오빠 기도, 하늘만큼 땅만큼 우주까지
기도해 주세요.

병석오빠의 사촌동생 정윤지

스님, 안녕하세요?

갑상선이란 병명을 얻어 수술을 한 환자입니다. 수술은
잘 되었다고 합니다.

스님 감사합니다. 정말 감사합니다. 이름 없는 저에게
기원을 많이 하라는 말씀 잊지 않겠습니다. 스님 기도
부탁드립니다.

세상에 홀로 떨어져 있는 것 같습니다.

스님께 감사의 글을 올립니다.

입원하면서 불안과 초조해 할 때 스님의 법문 가운데 "병원에 오는 것은 병을 낫게 하기 위해서 오는 것이니 절대 불안해 하지 말고 믿고 치료하라"고 하던 말씀에 힘을 얻어 검사를 하였습니다.

정말정말 좋은 결과를 얻어서 오늘 퇴원하게 되었습니다.

어제 법문하실 때도 나는 왜 이런 고통을 받아야 하나 하는 원망보다는 누구나 고통은 있게 마련인데 파도의 물결을 생각하면 된다고 하셨을 때 많은 위로가 되었습니다.

스님, 정말 감사합니다. 앞으로 더욱 더 부처님 말씀에 귀 기울이겠습니다.

최재성 드림

부처님.
우리 아들 안유범 수술 잘 되게 해 주시고
경과 좋아서 하고 싶은 일 하게 해 주세요.

부처님, 제발 가엾게 봐 주세요.
이제 스물일곱밖에 안 된 청년입니다.
쾌차하게 해 주세요.

저희 남편(이상무)이 세 번째 입원, 이제 말기암이 복수에 번졌답니다. 1년만이라도 시간을 주시면 그 안에 아들 혼사만이라도 하고 싶은 심정입니다.

갈 때 고통 없이 떠나가서 다음 생에는 꼭 불법 만나기를 부처님께 기원드립니다.

어버이 정오진

아버님(김석진)이 쾌차하실 걸 믿습니다.
이번 기회에 모든 가족이 서로를 돌보는 계기가 되어서
아버지의 건강과 가족의 화목이 돌아오길, 그리고 계속
되길 기원합니다.

안녕하세요. 자애로우신 스님 꼭 부탁드립니다.
중환자실에서 잠들어 계신 우리 오빠 정상인. 너무너무
고맙고 하늘만큼 사랑하는 우리 오빠. 잠에서 깨어나
함께 웃고 얘기하고 싶어요.
세상에서 가장 사랑하는 우리 오빠 정상인 위해 기도
부탁드립니다. 고통 없이 깨어나길 기원합니다.
저는 불법에 대한 상식이 없답니다. 이해하시고 자비
베풀어 고통 없이 하루빨리 깨어나길 기원합니다.
우리 오빠, 힘내고 또 힘내세요. 스님 꼭 부탁드립니다.
우리 오빠 아프지 않도록 꼭 도와주세요.

정정인

스님, 안녕하세요.

기억하실지 모르겠는데요, 몇 년 전에 담도폐쇄 수술을
하고 법당에 놀러오던 소희 엄마예요. 소희를 보내고
스님께 인사도 못 드리고 가서 항상 마음에 걸렸는데
이제는 제 조카 하늘이가 어제 세상을 떠났어요.

언니도 법당에 와 기도를 했다고 하더라구요. 그래서
인사를 드리러 왔는데 안 계시네요.

우리 하늘이 잘 가라고 기도 좀 해 주세요.

처음엔 기도가 무엇인지 몰랐습니다.

남편은 성당에 다니고 있습니다. 조카가 이 병원에 입원을 하면서 어설픈 기도에 매달려 보았습니다. 절박한 마음에 지푸라기라도 잡아야 할 심정이었으니까요.

우리 조카 장병석 꼭 아픔을 딛고 일어나야 합니다.

3개월만에 약 수치도 내려가고 깨어있는 시간도 많아 우리를 알아볼 땐 세상을 다 얻은 것 같았습니다.

그러나 오늘은 앞으로 다가올 기쁨 대신 눈물이 앞을 가렸습니다. 오늘 약 수치가 다시 올라가고 있었거든요. 야속하게 느껴지면서 눈물이 앞을 가리더군요.

뭐 이런 경우가 있나 싶으면서도 저의 기도와 정성이 부족해 그런 것 같아 마음이 너무 아픕니다.

그 누구의 탓도 아니지만 볼 때마다 안타깝고 안쓰럽고 하네요. 언제 아픔을 느끼며 고생했나싶게 한숨 푹 자고 일어나는 것처럼, 우리 조카. 부처님께서 잘 좀 돌봐주세요. 저희도 희망 버리지 않고 푹 잘자고 일어날 것이라 믿고 있습니다.

항상 기도해 주셔서 감사합니다.

건강하세요.

안녕하세요, 스님.

작년 10월 경에 이곳 아산병원에서 심장수술을 받았던 이채연 아빠입니다. 입원했던 기간 내내 이곳에서 부처님과 관세음보살님께 쾌차를 기원했었습니다.

큰 가피를 입어 무사히 수술 잘 끝냈고 오늘 정기 검사차 왔는데 선생님께서 경과가 너무 좋다고 하십니다.

이게 다 부처님 관세음보살님 기도해 주신 스님 덕분입니다. 정말 감사드립니다.

스님, 기도 부탁드립니다.

뇌수막증 수술후 하반신을 못 쓰고 있습니다.

조금씩 차도가 있으나…

부처님의 가피로 꼭 일어설 수 있습니다.

부처님께 귀의합니다.

김선민

기미생 김가람 항암치료중입니다.
건강쾌차 소원성취 이루어 주소서.
어미로서 참회하옵니다.

존경하는 스님께.

만24세 꽃띠가 유방암에 걸렸답니다.

눈앞이 캄캄했사오나 다행히 전이되지 않아 부처님께

감사드리옵니다. 엄마의 바람은 그저 살아 있어주기만

을 바라오니, 스님 기억해 주시고 기도해 주십시오.

사랑하는 부처님 꼭 살려주십시오.

어미는 최선을 다해볼 것입니다.

정성분 드림

스님, 그동안 안녕하셨어요? 민경이 엄마입니다.

가끔 부처님 전에 인사하러 옵니다. 부처님께서 지켜주시기에 우리 딸이 엄청 많이 좋아졌어요. 몸에 있는 주사바늘 5개 중 이젠 호흡기 제거만 하면 완벽하지요. 피검사는 완전히 건강하구요. 민경이 일어나면 꼭 찾아뵙겠어요. 그날이 머지않아 꼭 올 겁니다. 스님 민경이 잊지마세요. 감사합니다.

민경 엄마, 아빠가

안녕하세요. 올때마다 시간이 맞지 않아 잠깐 기도만
드리고 갑니다. 저희 아기가 많이 아픕니다.
기도해 주십시오. 빨리 완치되도록 자비로운 부처님,
보살펴 주십시오.

스님, 제 남편이 위암수술 들어갑니다. 무사히 수술 잘
하고 예후도 좋게 해주세요. 부처님께 성심성의껏 기도
드립니다. 스님도 같이 기도해 주세요. 관세음보살

어머니(강경자)께서 현재 항암치료중입니다.
어렵고 힘든 치료를 저희 어머니가 잘 견디고 이겨내
담도암이 깨끗이 나을 수 있게 기도 부탁드립니다.
현재 저희 아버지는 절에서 기도 중이십니다. 저도 미약
하나마 기도드립니다. 수시로 내려와 인사드리고 기도
드리겠습니다. 꼭 부탁드립니다.

스님, 저는 수원에 사는 민정길이라고 합니다.
제 생애 마지막 소원이 있습니다. 아기를 가질 수 있게
기도 좀 올려 주십시오. 이런 글을 써 죄송합니다.
그렇지만 한번만 기도 좀 올려 주세요.

민정길 올림

스님, 뵙지 못하고 부탁을 드려 송구스럽습니다.
갑자기 남편이 간암절제수술을 받게 되어 스님께 기도
와 축원 부탁드립니다. 수술 후 건강이 완쾌되면 얼마
나 좋을까요? 부처님의 법력을 빌어봅니다.

아내 이인자 올림

스님, 안녕하세요.

올 때마다 스님을 뵙지 못했지만 글로써 인사를 드립니다. 저의 법명은 연우이며 수술(자궁암)을 할 예정입니다. 늦지 않게 이렇게라도 알게 해 주신 부처님께 먼저 감사드립니다.

저의 남편은 딸이 간을 기증하여 겨울쯤에 간이식을 준비하고 있습니다. 모든 걸 업연의 결과임을 알고 받아들이고 참회하면서 불자로서 열심히 수행정진하며 부처님을 향한 믿음이 더욱 더 굳건해지길 바랍니다.

병고에 있는 법계 모든 중생들의 빠른 쾌유를 바랍니다. 마하반야바라밀

서원희 올림

어머니 병원 방문 시에 가끔 찾아뵙습니다.
저희 어머님께서 얼마 남지 않은 생을 편히 갈 수 있도
록 스님께 부탁드립니다. 그동안 수많은 고생 보내시고
편히 아프지 말고 갈 수 있게 부탁드립니다.
항암 12회, 간, 폐, 복막 모든 몸 안에 전이가 되었으니
고통 없이 갈 수 있게 부탁드립니다.
내일이라도 세상을 뜬다하니 어찌합니까?

딸 박민주 드림

아버지(송창섭)께서 식도암 수술 후 폐에서 물도 많이
나와 수술을 두 번 더 하신데다 여러가지 부수적인 것
들로 많이 고통스러워 하십니다. 어떤 이들에겐 작은
일일지라도 곁에서 지켜보는 가족들은 마음이 아픕니
다. 부디 별탈없이 건강한 모습으로 퇴원하셔서 그간
하고 싶어도 바빠 사느라고 하지 못하셨던 것들을 누리
실 수 있게 기도해 주세요.
아프고 힘들 때 무엇엔가 의지하고 싶은데 아무런 조건
도 제약도 없이 깊게 품어주실 부처님이 있기에 조금이
나마 위안을 얻고 살아갑니다.
스님을 통한 기도가 잘 전달되길 기원합니다.

송사민 올림

이옥순입니다. 위암수술 하시는데 1%기적이라도 바랍
니다. 부처님의 놀라운 기적이 늘 함께 할 수 있도록 지
켜주세요.

박용범입니다. 제 집사람이 직장암 수술 예정입니다.
부처님의 은혜로 꼭 완쾌되어 두 살짜리 아이와 함께
살 수 있도록 부탁드립니다.

스님, 남편이 간이식 수술을 합니다.
하루만에 남편과 아들이 한꺼번에 수술할 것을 생각하
니 가슴이 너무 아픕니다. 어찌하면 제 마음을 달랠 수
있는지 스님께서 이끌어 주시고 보살펴 주시길 간전히
부탁드립니다.

수원에서 이정우

스님, 아빠랑 오빠가 이식수술을 했습니다.
오빠는 이제 중환자실에서 회복하는 단계에 있고 아빠
는 이제야 수술이 끝났다는 연락을 받았습니다. 부디
별 탈 없이 회복할 수 있게 해 주세요.
앞으로 우리 집안에 좋은 일만 있도록 해 주세요.

스님, 이재현 환자 내일 수술 들어갑니다. 과일과 공양
미 부처님 전에 올립니다.

보호자 이현숙 올림

스님께 부탁드립니다. 노현호 환자 중이염 수술 시행합
니다. 촛불 좀 켜 주세요. 법당과 신중단에 과일, 초 공
양 올렸습니다.

보호자 김윤숙 올림

스님, 고맙습니다. 노현호 불자의 처입니다.

몸이 건강해져 집으로 갑니다. 기도해 많이 주셔서 감사합니다. 뵈옵고 인사드리고 가려했지만 여의치 않아 그냥 갑니다.

스님 늘 부처님의 자비로 건강하세요.

성불하십시오.

김윤숙 올림

스님,

내과 중환자실 김정후님 빨리 완치되어 깨어날 수 있도록 부탁드립니다. 완쾌되어서 우리집으로 갈 수 있게 기도 부탁드립니다.

우리 아버님(정용국) 위해 기도 부탁드립니다.
수술 잘 되어 완쾌하시어 어머님과 우리 가족 다 같이
오래도록 행복할 수 있도록 기도 부탁드립니다.
너무너무 좋으신 우리 아버님…… . 부탁드립니다.

스님, 불자 서미주입니다.

저의 이 병고는 지난날의 어두운 그림자이므로 실이 아니며 사라져가는 현상이라 굳게 믿습니다. 저는 암이란 진단을 받고 여러가지 검사를 하면서 결과를 기다리는 중입니다.

다생동안 지은 죄업과 금생에 이르러 지은 모든 죄업을 진심으로 참회하오니 부처님 가피로 속히 쾌차하여 불자로서 열심히 수행정진하며 행불하며 살기를 간절히 원하옵니다.

스님… 저희 아버지(강현성) 오늘 수술 잘 하시고 아무
탈 없이 속히 건강 회복하도록 기도 부탁드립니다.
실타래처럼 얼키고 설킨 우리 가족 인연들…….
앞으로는 더 이상 이보다 마음 아픈 일 없도록 부탁드
립니다.
모두 너무나도 힘든 시기를 보내고 있습니다. 이 꼬여
버린 실이 잘 풀릴 수 있도록 기도 부탁드립니다.
스님도 항상 건강하시고 모두들 건강할 수 있도록 기원
합니다.

딸 다정 드림

스님,

조용재 저희 아버지께서 예상치 않은 아픔을 겪고 계십
니다. 부디 별 탈 없으시길 기도 부탁드립니다. 3월 간
이식수술 후 너무 힘든 시기를 지내셨습니다. 앞으로
건강 회복해서 편하게 지내실 수 있도록 부탁드립니다.
성불하시옵고 모든 사람들이 건강하길 발원합니다.

딸 조정민 드림

안녕하세요. 전 김소윤(길동)의 엄마입니다.

간이식 받은지 벌써 8개월이 다 되어 가는군요. 무사히 잘 받아서 얼마나 기쁘고 눈물이 나는지 모른답니다. 다 부처님과 스님, 모든 걱정해 주신 분들 덕분에 지금 껏 건강하게 지내는 것 같습니다. 앞으로도 우리 길동이 부처님의 은공과 스님의 보살핌으로 열심히 살아갈 수 있도록 도와주세요. 간절히 또 간절히 비옵니다.

그리고 간을 기증해 주고 멀리 떠나간 아이 또한 도와주시고 기도해 주세요. 저 또한 마음으로 기도 드리고 있습니다. 부처님, 스님 감사합니다.

길동 엄마 올림

스님, 직장인 한승구입니다.

둘째 아들(생후 21일) 한원재가 아주 위험한 심장수술을 합니다. 관세음보살님께 가지 않고 착하디 착한 집사람 품으로 갈 수 있도록 기도발원 부탁드립니다.

아빠도 열심히 기도하고 원하고 원하오니 스님께서도 우리 둘째 아들 한원재가 건강하게 가족의 품으로 갈 수 있도록 기원하여 주세요. 성불하시고 건강하시길 발원합니다.

한창훈 한원재 아빠 한승구 올립니다.

나무아미타불… 안녕하세요, 스님.

저희 어머니(박순희 68세)께서 대장암 수술을 받고 계십니다. 부디 부처님의 가피가 어머니와 의료진들에게 내려서 무사히 수술할 수 있도록 기원합니다.

수술 후에도 어머니께서 강한 삶과 회복에 대한 의지가 유지되기를 바랍니다.

한평생 고생만 하신 엄마가 남은 여생동안 건강하게 부처님 법을 따를 수 있도록 도와주세요.

나무아미타불 나무아미타불 나무아미타불

김은미 드림

나무관세음보살. 부산에서 온 김재연 불자입니다.
자기 일에만 몰두하면서 건강을 챙기지 않은 채 열심히
살다보니 소중한 건강을 잃었습니다.
건강을 소홀히 여기다가 이런 불미스러운 일이 생겼지
만 다시 태어날 수 있도록 당신이 한 번 크게 품어 주시
고 용기를 주시어 삶의 중요함을 잃지 않도록(사랑·
베품·인내) 해 주소서.
당신을 믿고 또 믿고 의지합니다.

담낭절개수술 예정입니다.
모쪼록 잘 될 수 있도록 보살펴 주소서.
병원에 있는 아픈 모든 환자들을 관세음보살님이 품어
서 아픔(육체적 고통)이 없도록 도와주소서.
스님께서 도와주소서. 저희도 열심히 기도하겠습니다.
나무관세음보살 나무관세음보살 나무관세음보살

김홍석, 박선미 불자

안녕하세요, 스님.

저희 아빠가 간이식을 받은 지 2주가 지났습니다. 아직 중환자실에 있지만 하루빨리 경과가 좋아져서 아빠 손과 얼굴을 만져봤으면 좋겠습니다. 수술 후 아빠가 많이 고통스러워 하시는데 다가가지도 못하고 문을 통해 지켜보는 저희 가족들은 마음이 너무 아픕니다.

어렵고 힘든 치료를 아빠가 잘 견뎌낼 수 있도록 도와주세요. 또한 저희 엄마도 병원에 있으면서 기력이 많이 약해져 있는 상태입니다. 스님께서 우리 가족들을 가엾게 여겨 잘 보살펴 주세요. 하루빨리 이 고통에서 벗어날 수 있게 도와주세요. 기도 드립니다. 기도 드립니다. 기도 드립니다.

중환자실에 계신 김경재 저희 아빠, 아빠 옆에서 고통을 함께하고 있는 이은숙 우리 엄마, 스님께서 잘 보살펴주시리라 믿습니다.

항상 기도 열심히 하겠습니다.

딸 김희애 올림

나무아미타불 일체중생 극락왕생, 선망부모 극락왕생,
장모님 쾌차.
추석을 맞은 이 병원 모든 환자 중생들이 부처님 법
따라 여법하시기를, 이 몸 인연 끝나면 극락왕생하시
기를...

박재훈 올림

저희 동생 정환이 빨리 나았으면 좋겠어요.
퇴원해서 같이 놀고 싶어요. 스님 기도 부탁 드릴게요.
여섯 살 남자예요.

재란 누나 올림

안녕하십니까, 스님.
이렇게 어려울 때 부처님을 찾게 되네요. 저는 오늘
아침 유방암 수술을 한답니다. 기도 부탁드립니다.
스님, 건강하시고 부처님의 자비광명이 함께 하시길 바
랍니다.

김금숙 올림

스님, 안녕하십니까.

갑자생 이희현 수술쾌유기도 드렸는데 다시 중환자실
로 옮겨서 치료하고 있습니다.

빠른 쾌유를 위해 기도 접수하고 싶습니다.

스님, 제 딸 오수진 오늘 수술 있습니다. 수술이 잘되어
웃으면서 퇴원 할 수 있도록 기도 부탁 드립니다.

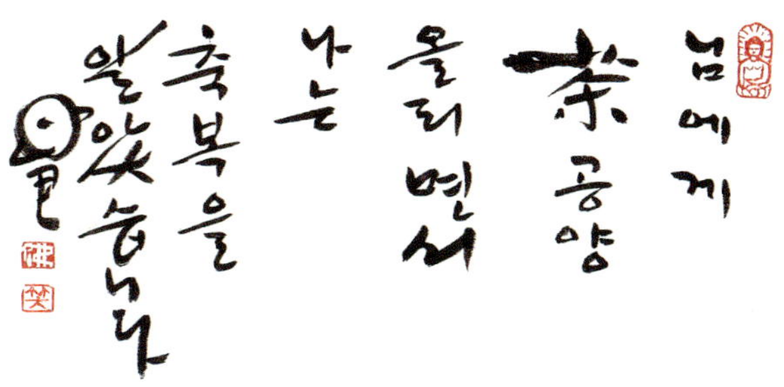

스님. 안녕하세요. 이은서(규림) 할머니입니다.

오늘 골수이식한지 2년 되어 검사하러 왔어요.

스님이 걱정해 주시고 기도해 주셔서 우리 규림이 이상

없이 잘 자라고 있어요. 건강하시죠? 감사합니다.

스님, 아버지가 수술을 위해 금일 입원하셨습니다.
큰 탈 없이 들어오시던 그 모습으로 집까지 돌아갈 수
있게 기도해 주세요. 내일은 108배를 드려야겠습니다.

법등명 올림

스님, 저희 큰 형님 하루 빨리 완쾌되게 도와 주시길
부탁드립니다. 내일도 들르겠습니다.

민정욱 올림

저는 57년 정유생 정영애입니다.

8년 전에 친우의 권유로 빚보증을 서서 1억이 넘는 돈을 제가 대신 갚아주고 우울증이 왔습니다.

아무리 주위에서 마음을 크게 먹으라고 해도 마음이 뜻대로 되지 않았습니다. 설상가상으로 지난 2007년 울산에서 식당 아르바이트를 하다가 바닥에 미역국물이 쏟아져 뒤로 넘어진 후 계속 머리가 많이 아픕니다.

때로는 안구가 빠질듯이 아파서 만 2년 동안 병원 생활을 하고 있는 환자 입니다. 입원한지가 두 달이 다 되어도 불교가 있다는 것도 모르고 지금까지 혼자서 악몽에 시달려 밤 11시에 잠들면 새벽 2시 30분에 정확하게 일어납니다.

스님, 너무나 사연이 많아서 책으로 한 권을 써도 끝이 없을 정도입니다. 스님. 항상 건강하시고 부처님만 믿고 열심히 치료 받겠습니다. 기도 부탁드립니다.

울산에서온 정영애입니다. 감사합니다.

관세음보살. 스님께 감사드립니다.

부강암 진단받고 아산 병원에서 3개월 머물렀습니다.

입원 검사하면서 3층 법당에서 부처님을 뵈올 수 있어
서 저에게 큰 힘이 되었습니다. 열심히 힘을 낸 결과 방
사선 치료 33회가 내일로서 끝입니다.

스님의 따뜻한 말씀과 좋은 인연이 되어주심을 감사드
리고 싶은데다 점안식날 생일이라서 작은 공양이지만
과일을 올릴 수 있어서 참으로 감사드렸습니다.

스님, 좋은 인연되어 주셔서 감사드립니다. 항상 건강
신경 쓰면서 열심히 봉사활동 하겠습니다. 새로운 인생
을 맞이했다는 생각으로, 항상 감사하는 마음으로 살겠
습니다.

정상현, 박해미 올림

에필로그

대자대비 부처님,

오늘도 살아 숨쉬는 순간에 감사드립니다.

모든 님 항상 건강하시고 행복하며 하고자 하는 일에 장애가 없고, 만나는 사람마다 환희심이 일어나며, 보리심을 발하여 무생법인 안락하여지길 소원합니다.

나는 며칠 전 병실을 방문하였습니다.

그리고 환자와 마주했습니다.

환자를 보자마자 "아! 부처님, 저 환자로부터 아픔의 고통을 가져가시고 편안한 생을 마감할 수 있게 해주소서." 하는 기도가 절로 나왔습니다.

환자는 처음에는 위암을 잘 이겨내어 병원에서 같은 병을 가진 환자들에게 식이요법과 통증을 이겨내는 법에 대해 알려주고, 그들에게 마음의 평안을 주면서 4년의 세월을 40년이라 생각하고 아주 즐겁게 자원봉사를 하며 살아왔습니다.

하지만 5년째인 올해, 골수와 폐에 전이가 되어 병원에 입원을 하게 되었습니다.

폐에 물이 생겼지만 제거하고 나면 또 차는 악순환이 반복돼 이제 산소호흡기 없이는 한순간도 살아갈 수가 없게 된 것입니다.

의사 선생님은 그에게 일주일이란 시간을 화두로 주셨습니다.

나는 환자에게 이렇게 물었습니다.

"많이 아프지요~"

"예 스님! 너무 아픕니더. 인자 가고 싶어예.

부처님 계시는 극락세계로예. 스님 극락세계 있지예?"

"그래요, 부처님께서 말씀하신 아미타경에 보면 저 십만억 국토를 지난 곳에 아미타부처님이 계시는 극락세계가 있다고 나와 있습니다."

"인자 그만 아프고 갈랍니다. 스님!"

"왜 자꾸 가려는 생각만 하십니까?"

"스님! 남들은 일년 사는데 저는 4년 살았습니다. 고맙지요.

아들 의대 보내고 이제 1년만 더 있으면 하얀 의사 가운 입는 것도 볼 수 있는데, 그때까지 못 있겠습니더.

스님 고마웠습니다.”

“그래, 잘가세요. 보살님은 남들 40년 좋은 일 할 것 4년 동안 다했잖습니까? 그리고 4년 세월을 40년 세월이라 생각하세요. 부처님께서 좋은 일 많이 하고 왔다고 고맙다 하실 것입니다. 그 아픈 몸을 끌고 다른 환자들을 보살핀다고. 부디 다음 생에는 튼튼한 몸을 받아 이생에서 못다한 일 다음 생에 다하세요. 다음 생에는 뭘 하시면서 살고 싶으세요?”

“다음 생에는 사람으로 안 태어 날랍니더. 그냥 극락 세계에 있을랍니더.”

“그래. 본인이 원하는 곳으로 가서 행복하세요. 이생의 일일랑 다 잊고 나무아미타불. 나무아미타불. 나무아미타불. 나무아미타불 염송 하세요. 아미타 부처님께서 그대를 연꽃봉우리에 태우고 저 극락으로 가실 겁니다. 두려워하지 말고 잠 잔다 생각하세요. 편안하다 생각하고, 그윽한 향내를 생각하고 부처님 세계를 생각하고 마음을 편안하게 가지세요.”

“예! 스님, 정말 고마웠습니더.”

환자는 정말 이생에 대한 모든 미련을 버린 것 같았습니다. 그리고는 자연스럽게 이생을 정리하고 있었습니다. 아주 편안하게······.

이틀 뒤 환자는 아주 조용하게 몸을 바꾸었습니다.

'그대가 움직이는 모든 곳. 그대로인데 그대는 이제 다른 채널을 바꾸듯 다른 세상에 있구려. 부디 잘 가세요. 그대가 가끔 공양해준 커피, "시님예!"하는 목소리, 마치 어제 일 같은데 말입니다. 나무아미타불. 이제는 아프지 마소서 부디…….'

한평생 산다는 것에 대하여 나는 고요히 생각해 봅니다. 우리의 인생은 살아 숨쉬는 순간, 이 순간 최선을 다하고 결과를 기다리며 행복하고 즐겁고 품위있고 남에게 피해주지 않는 삶을 살고자 합니다.

모든 주어진 일에 대하여 감사한 마음, 이것이 살아 있는 인생길이라는 생각으로 잠시 떠나간 얼굴들을 하나 둘 떠올려 봅니다.

그러나 해야 하는 일은 왜 이렇게 많은지요. 또 하고 싶은 일은 왜 그렇게 많은지요. 그러나 이것이 살아있다는 것이겠지요. 이 건강한 몸으로 무엇인들 하지 못하겠습니까. 승가의 일원으로 살아가는 나의 본분을 한시도 잊지 않을 것이며, 건강한 육신에 감사하고 또 감사할 일입니다. 그리하여 인연지어 사는 모든 이들과 병마와 씨름하는 모든 이들에게 희망의 씨앗을 심어줄 수 있기를 두 손 모읍니다.

  아울러, 이 소중한 책이 엮어질 수 있도록 큰 마음으로 보살펴 주신 수안 큰스님께 깊고 깊은 감사의 인사를 드리며, 도서출판 맑은소리맑은나라 대표 김윤희 불자님과 편집디자이너 김지영님을 비롯한 맑은소리맑은나라 전 직원 여러분께도 감사의 마음을 전합니다.
  또한 불광사 자원봉사자 여러분들과 원주 오승혜 보살님, 병원 가족 여러분들과 직원불자법우회, 후원회에도 이 기회를 빌어 감사의 인사를 드립니다.
  언제나 그랬듯이 환자와 그 가족들에게는 변하지 않을 기도로 그들 모두의 아픔을 대신해주고 싶습니다.

  오늘도 부처님 법 만남을 깊이 감사드리며 부처님 법 만난 모든 님에게 행복하시기를 기도드리며 그 지중한 인연에 감사드립니다.
  나무아미타불 나무관세음보살.

불기2554년 5월 소중한날
서울아산병원 불교법당 지홍 합장

175

엮음 ㅣ 지홍스님
그림 ㅣ 수안스님

초판 1쇄 발행 ㅣ 2010년 5월 15일
초판 2쇄 인쇄 ㅣ 2010년 6월 10일
초판 2쇄 발행 ㅣ 2010년 6월 10일

펴낸이 ㅣ 김윤희
편집디자인ㅣ 김지영
펴낸곳 ㅣ 맑은소리 맑은나라
출판등록 ㅣ 2000년 7월 10일 제 02-01-295 호
주소 ㅣ 부산광역시 중구 동광동3가 45-1번지 동광빌딩 201호
전화 ㅣ 051) 255-0263
팩스 ㅣ 051) 255-0953
전자우편 ㅣ uneesee@paran.com

값 18,000원
ISBN 978-89-956947-9-4 03220